I b 48 $2388.$

L'ANNIVERSAIRE

DU

Treize Février 1820.

L'ANNIVERSAIRE

DU

Treize Février 1820.

SE TROUVE

A PARIS,

A L'IMPRIMERIE DE GUIRAUDET,

RUE SAINT-HONORÉ, N° 315, VIS-A-VIS SAINT-ROCH.

1823.

Tout Exemplaire non revêtu du paraphe ci-dessous sera reputé contrefaçon.

L'ANNIVERSAIRE

DU

Treize Février 1820.

« O ma patrie ! malheureuse France !!! » (1)
Quels accens ! quels souvenirs ! quel présage !
Et les forfaits solitaires n'exciteraient qu'une
stérile indignation ! et la couronne de Saint-
Louis servirait incessamment de jouet aux factieux ! et nous serions destinés à voir de nouveau
le trône couvert d'un crêpe funèbre, les lieux
saints profanés, tous les liens de la société rom-
pus, et des anthropophages ordonnant le massacre des Français !

---

(1) Exclamations de S. A. R. Mgr le duc de Berri
mourant.

Quelle est donc la fatalité qui nous impose l'inertie, lorsque le génie du mal, dans sa course rapide, écrit en caractères de sang les pages de l'histoire ? Les miasmes infects du cloaque révolutionnaire auraient-ils neutralisé le zèle des défenseurs de la plus légitime des causes ? l'excès des maux produirait-il l'égoïsme ?

Hélas ! que peuvent, sans la volonté du monarque, des sujets fidèles contre des énergumènes qui, sous le spécieux prétexte du bonheur général, propagent l'athéisme, et si nous osons nous exprimer ainsi, pétrissent le levain de l'anarchie universelle !

Religion sublime, qui nous fais un devoir de l'obéissance, transmets nos vœux à l'Éternel, que ton triomphe et la stabilité du trône ne soient plus un problème ; qu'image de Dieu sur la terre, le plus clément des rois s'arme enfin d'une juste sévérité pour placer les pervers dans l'impuissance de faire, à l'aide de crimes isolés (1), répéter par chaque Bourbon ces excla-

____

(1) Des documens furent-ils transmis, avant et après l'assassinat, à l'autorité spécialement chargée de veiller à la sûreté de la famille royale ? furent-ils accueillis, re-

mations prophétiques : « O ma patrie ! malheureuse France !!! »

Un lustre écoulé dans l'espoir d'un meilleur avenir, sous les rameaux tutélaires de la légitimité, couvrait à peine du voile de l'oubli les fureurs des bourreaux, l'innocence des victimes, lorsqu'un monstre à face humaine est venu rouvrir toutes nos plaies, et nous replonger dans un abîme de douleurs.

Quelle nuit ! Un vil assassin, froidement féroce, assiége l'avenue du palais de Terpsichore ; l'un des petit-fils d'Henri IV doit bientôt y paraître ; il l'aperçoit, le frappe du coup mortel, et s'enorgueillit d'avoir ébranlé jusque dans ses fondemens une monarchie assise sur quatorze siècles.

Quel tableau ! Le signe de la rédemption s'érige un temple dans le lieu même qui le méconnaît ; tous les obstacles disparaissent à son approche ; il ne permet à la mort de saisir sa proie qu'après nous avoir rendu témoin de l'héroïsme le plus rare (1). Le duc de Berry suc

---

poussés ou supprimés ? Le temps seul nous fera connaître la vérité.

(1) Quel triomphe pour la Religion ! Quelles vertus,

combe ! les regrets de la France éplorée s'exha-
lent en longs gémissemens !

Quelle plume assez véhémente retracera fidè-
lement le désespoir d'une épouse adorée, s'ef-
forçant, mais en vain, de suspendre le dernier
soupir du Prince qui fut l'objet de toute sa ten-
dresse ? le supplice d'un père éprouvant mille
morts, et ne survivant à son fils que pour ré-
pandre éternellement des larmes sur sa cendre ?
la piété d'un frère qui, surmontant les angois-
ses les plus cruelles, prodigue au nouveau mar-
tyr les consolations d'une sainte espérance ? les
tourmens d'une sœur forcée de rappeler à son
souvenir les corps mutilés et palpitans des auteurs de ses jours ? l'apparente impassibilité
du Nestor des souverains, qui concentre sa dou-
leur pour alléger, s'il est possible, celle de son
auguste famille, et donner l'exemple de la rési-
gnation ? le dévouement des Français de tout
rang, de tout âge, cherchant avec des regards
avides à connaître si la divine Providence exauce
leurs prières pour la conservation du héros dont
la vie entière fut consacrée à leur félicité ?

---

quelle magnanimité le trop malheureux Prince ne déve-
loppa-t-il pas à sa dernière heure !

Vainement nous entreprendrions de remplir cette tâche : le pinceau s'échapperait de nos mains; nous ne tracerions qu'une faible exquisse, et l'assassinat d'un Bourbon réclame un monument plus durable que l'airain pour en perpétuer la mémoire, transmettre à la postérité l'horreur qu'il nous inspire, et la préserver des doctrines régicides qui souillent notre siècle.

Pourrions-nous, sans aggraver nos infortunes, ajouter au tableau Louis XVI et la fille des césars couvrant par leur mort d'un opprobre éternel les tigres altérés de leur sang ? le modèle de toutes les perfections, madame Elisabeth, s'offrant en holocauste, impatiente d'arriver au séjour des bienheureux ? l'enfant-roi torturé par les agens de la plus exécrable tyrannie ? l'unique rejeton d'une famille de grands hommes, le duc d'Enghien, qui marchait sur leurs traces, massacré par l'ordre d'un soldat étranger, qui ne parut sur la scène politique que comme un météore malfaisant, dont l'éclat s'alimente de tout ce qu'il embrase et consume ?

« O ma patrie! malheureuse France!!! » Quels souvenirs !

J'ai vu, le croira-t-on ? la France ensanglantée
N'offrir de toute part à la terre attristée

Que vols, qu'assassinats, que prisons, qu'échafauds
Dressés pour la vertu par de lâches bourreaux !

J'ai vu de forcenés une horde infernale,
Au mépris de nos lois, corrompant la morale,
Fouler du même pied le sceptre et les autels ;
Et pour mieux colorer ses projets criminels,
Sous le manteau sacré de l'austère justice,
Ériger en honneur l'athéisme et le vice,
Et sans cesse invoquant l'auguste humanité,
Sur un monceau de morts fonder l'égalité !

J'ai vu des mirmidons éclos de la poussière
Poursuivre arrogamment leur infâme carrière,
Usurper les pouvoirs, et, modernes Cacus,
Se couvrir de forfaits jusqu'alors inconnus !

J'ai vu des scélérats, au nom de la patrie,
Dans des crânes humains boire l'ignominie,
S'applaudir des excès de leur férocité,
Crier en rugissant : *Vive la liberté!*

J'ai vu des proconsuls, affamés de carnage,
Ordonner le massacre, exciter au pillage ;
Le Commerce abattu, les Arts découragés,
Pleurant sur des tombeaux leurs amis égorgés ;
Nos cités dans le deuil, nos campagnes désertes ;
Les auteurs de nos maux enrichis de nos pertes ;

Nos chevaliers proscrits , errans et fugitifs ;
L'Éternel méconnu , ses ministres captifs ;
Nos temples transformés en de sales repaires ,
Où hurlaient à l'envi des jongleurs mercenaires ;
Un Monarque français , le héros des vertus ,
Assassiné !... Grand Dieu ! tous mes sens sont émus !
La victime pardonne : aussitôt elle expire ,
Et reçoit en mourant les palmes du martyre.
Le nom de ses bourreaux , avec horreur cité ,
Passera d'âge en âge à la postérité.
Jour sinistre , à jamais gravé dans la mémoire ,
Que mes vers soient pour vous le cachet de l'histoire !

O ma patrie ! Quel présage ! Durant un quart de siècle, la France, métamorphosée en un vaste cimetière, n'offrit aux yeux de l'observateur qu'un squelette putréfié, dont les lambeaux pouvaient à peine rassasier les vautours auxquels ils servaient de pâture ; durant un quart de siècle, l'hydre démagogique dévora des millions de victimes. De quels nouveaux malheurs sommes-nous donc encore menacés ? N'avons-nous pas épuisé la coupe des revers ? Que signifient les exclamations d'un prince qui, tombant sous le fer parricide, gémit sur le sort de notre malheureuse patrie, et semble nous annoncer l'éruption prochaine du volcan révolutionnaire ? Que veulent ces sycophantes qui suent le crime par tous les pores? N'ont-ils pas assez long-temps donné le spectacle des bêtes féroces qui, repues de cadavres, s'entr'égorgent pour étancher la soif du sang qui les tourmente? Les verrons-nous encore s'asseoir sur les débris de l'autel et du trône, pour prouver à l'univers que la modération des bons centuple l'audace des méchans? Que veulent-ils? Pouvons-nous l'ignorer? C'est au nom de l'anarchie, qualifiée par eux de liberté, qu'ils prétendent régénérer le peuple en l'immolant à leur fureur; ils préludent à l'exécution de leurs projets atroces en poussant à la révolte une jeunesse imprudente (1). Ils ne parlent de gloire que pour mieux cacher leur turpitude sous ses drapeaux (2); le fer et le

---

(1) Les conspirations de juin et d'août 1820, celles de Béfort, de la Rochelle, de Saumur, de Colmar, viennent à l'appui de notre assertion.

(2) Nous nous plaisons à rendre justice à la bravoure des militaires français : leurs exploits sont au-dessus de tout éloge. Nous ne signalons ici que les caméléons qui, à l'aide du mot *gloire*, qui cesse d'être magique dès qu'ils le prononcent, croient, mais en vain, pouvoir ébranler la fidélité de l'armée, qui a juré de vivre et de mourir, s'il est nécessaire, pour la défense de la légitimité.

feu sont leurs armes favorites (1); leur unique but est d'effacer leurs vieux crimes par des crimes nouveaux.

Français, dont le dévouement à la cause royale n'a pu être altéré par aucune circonstance, et qui, échappés au naufrage, avez cru trouver dans le port un asile assuré contre la tempête, quelle que soit votre position, votre fidélité eût-elle été même réprouvée, redoublez de zèle; allez retremper vos âmes à Saint-Denis, à Vincennes; faites un rempart de vos corps au trône de Saint-Louis, et que les prétendus philosophes qui l'attaquent apprennent par votre triomphe que la monarchie est impérissable.

Et vous, augustes victimes, qui, du séjour céleste, veillez sur les destinées de la France, protégez-la contre les factieux, détournez de son sein les fureurs de l'impie; que les Bourbons, héritiers de vos vertus, jouissent toujours en paix du bonheur de faire des heureux; que l'orpheline

---

(1) Peut-on croire que la faction républico-libéro-jacobine soit étrangère aux nombreux incendies qui ont eu lieu, et que le poignard ne soit pas son arme de prédilection?

du Temple trouve, dans les bénédictions qu'elle recueille ici-bas, un dédommagement aux maux qu'elle a soufferts; que l'auguste mère du Prince Dieudonné reçoive sans cesse l'hommage de nos regrets et de notre reconnaissance ; que les Français se réunissent en famille.

Et terminant enfin des débats inouis ;
Ne forment qu'un faisceau couronné par des lis.

M. I. D. R.,

Ancien Capitaine d'infanterie.

13 février 1823.